MERRY
Christmas
NOEL

MERRY
Christmas
NOEL

MERRY
Christmas
NOEL

MERRY
Christmas
NOEL

MERRY
Christmas
NOEL

MERRY
Christmas
NOEL

MERRY
Christmas
NOEL

MERRY
Christmas
NOEL

MERRY
Christmas
NOEL

MERRY
Christmas
NOEL

MERRY
Christmas
NOEL

MERRY
Christmas
NOEL

MERRY
Christmas
NOEL

MERRY
Christmas
NOEL

MERRY
Christmas

MERRY
Christmas
NOEL

MERRY
Christmas
NOEL

MERRY
Christmas
NOEL

MERRY
Christmas
NOEL

MERRY
Christmas
NOEL

MERRY
Christmas
NOEL

MERRY
Christmas
NOEL

MERRY
Christmas
NOEL

MERRY
Christmas
NOEL

MERRY
Christmas
NOEL

MERRY
Christmas
NOEL

MERRY
Christmas
NOEL

MERRY
Christmas
NOEL

MERRY
Christmas
NOEL

MERRY
Christmas
NOEL

MERRY
Christmas
NOEL

MERRY
Christmas
NOEL

MERRY
Christmas
NOEL

MERRY
Christmas
NOEL

MERRY
Christmas
NOEL

MERRY
Christmas
NOEL

MERRY
Christmas
NOEL

MERRY
Christmas
NOEL

MERRY
Christmas
NOEL

MERRY
Christmas
NOEL

MERRY
Christmas
NOEL

MERRY
Christmas
NOEL

MERRY
Christmas
NOEL

MERRY
Christmas
NOEL

MERRY
Christmas
NOEL

MERRY
Christmas
NOEL

MERRY
Christmas
NOEL

MERRY
Christmas
NOEL

MERRY
Christmas

MERRY
Christmas
NOEL

MERRY
Christmas
NOEL

MERRY
Christmas
NOEL

MERRY
Christmas
NOEL

MERRY
Christmas
NOEL

MERRY
Christmas
NOEL

MERRY
Christmas
NOEL

MERRY
Christmas
NOEL

MERRY
Christmas
NOEL

MERRY
Christmas
NOEL

MERRY
Christmas
NOEL

www.ingramcontent.com/pod-product-compliance
Lightning Source LLC
LaVergne TN
LVHW060330080526
838202LV00053B/4446
* 9 7 8 3 3 4 7 1 5 9 5 5 6 *

www.ingramcontent.com/pod-product-compliance
Lightning Source LLC
LaVergne TN
LVHW060325080526
838202LV00053B/4420
* 9 7 8 1 9 6 5 9 9 4 4 5 0 *